AFFAIRE

DE

MM. PÉTROZ, GASTIER, LÉON SIMON PÈRE, CHARGÉ, MOLIN, LOVE, LEBOUCHER, ESCALLIER, CRETIN, GUEYRARD, AUDOUIT ET DESTERNES

CONTRE

MM. RICHELOT ET GALLARD

PREMIÈRE CHAMBRE DU TRIBUNAL

PRÉSIDENCE DE M. BENOIT-CHAMPY

Jugement à prononcer le vendredi 10 décembre 1858.

OBSERVATIONS

EN RÉPONSE

AUX CONCLUSIONS DE M. LE SUBSTITUT SALLANTIN.

I

Après avoir remercié M. le substitut de sa bienveillance envers l'avocat, je demande au tribunal la permission de repousser sa sévérité envers la cause.

1858

Le système que M. le substitut a soutenu peut se résumer ainsi :

M. Gallard a eu tort peut-être d'employer des qualifications injurieuses ; mais ces injures se réduisent à une phrase retournée de M. Magnan : « ignorant abject, pauvre illuminé, misérable charlatan ; » elles sont générales, et quand on attaque tout le monde, on ne désigne personne.

Je conteste ce système en fait et en droit.

En fait :

La phrase discutée par M. le substitut n'est pas la seule qui soit la base de notre action.

Nous nous plaignons également des suivantes, dont le caractère de gravité est tel qu'aucun des défenseurs n'a essayé de les excuser :

« L'HOMŒOPATHIE NE PEUT ÊTRE ADOPTÉE ET MISE EN PRATIQUE DE BONNE FOI PAR DES MÉDECINS INSTRUITS.

« ON NE PEUT OPPOSER QUE LE SILENCE A CEUX QUI, BATTUS SUR LES HAUTEURS OU S'AGITENT LES DISCUSSIONS SCIENTIFIQUES, ESSAYENT D'ENGAGER UNE MISÉRABLE LUTTE SUR LE TERRAIN FANGEUX DE LA PRATIQUE INDUSTRIELLE ET DE L'EXPLOITATION.

« L'HOMŒOPATHIE N'EST PLUS UNE SCIENCE, C'EST UN COMMERCE EXERCÉ PAR QUELQUES-UNS AU DÉTRIMENT DE LA SCIENCE ET DE L'HUMANITÉ.

« LES PLUS ARDENTS PROMOTEURS DE LA DOCTRINE ONT LE BON ESPRIT DE L'ABANDONNER DANS LA PRATIQUE, MAIS ILS CRIENT PAR-DESSUS LES TOITS QU'ILS FONT DE L'HOMŒOPATHIE.

« LES TRAVAUX ÉCRITS PAR DES HOMMES CAPABLES DE TELS

FAITS NE DOIVENT PAS ÊTRE DISCUTÉS, PAS MÊME LUS. ILS SONT RÉDIGÉS AVEC L'INTENTION DE CAPTER LA BONNE FOI DES GENS DU MONDE, ILS MENTENT COMME TOUS LES PROSPECTUS.

« SI NOUS NOUS DÉPARTONS DE NOTRE RÉSERVE EN FAVEUR DU LIVRE DE M. MAGNAN, C'EST QUE, PAR EXCEPTION, NOUS CROYONS AVOIR TROUVÉ DANS L'AUTEUR UN HOMME SÉRIEUSEMENT CONVAINCU. »

En droit :

Je soutiens qu'une désignation générale, quand elle est précise, suffit pour donner ouverture à une action individuelle.

Il n'est pas juridique d'affirmer que, lorsqu'on attaque tout le monde on ne désigne personne ; — lorsqu'on attaque tout le monde, on désigne tout le monde.

Que le tribunal veuille bien considérer les résultats de l'opinion qu'on lui propose de consacrer :

On ne pourrait pas dire : Un tel, banquier juif, est un voleur ; mais on pourrait écrire : Tous les juifs sont des voleurs ;

On ne pourrait pas imprimer : tel juge est un prévaricateur, et l'on pourrait dire : Tous les juges sont des prévaricateurs ;

On ne pourrait pas accuser un prêtre déterminé d'être un misérable, et l'on pourrait prétendre que tous les prêtres sont des misérables ;

On ne pourrait pas soutenir que tel fonctionnaire est un fripon, et l'on pourrait affirmer que tous les fonctionnaires sont des fripons.

Un tel système renverse toutes les barrières que la

loi a opposées à l'injure et à la diffamation ; il assure l'impunité aux diffamateurs habiles, et il laisse aux diffamés, pour toute ressource, non le pugilat, que les mœurs repoussent autant que les lois, mais le duel, que les mœurs tolèrent encore, et que tout honnête homme doit réprouver.

Non, je le soutiens au point de vue de la morale, aussi bien qu'au point de vue de la loi, il n'est pas permis de faire contre une collection d'individus ce qui n'est point permis contre un individu. La proposition de M. le substitut doit être retournée ; il ne faut pas dire : L'injure n'est défendue que quand elle est contre un seul, elle est permise contre plusieurs ; il faut dire : Si l'injure est défendue contre un seul, à plus forte raison l'est-elle contre plusieurs.

Il y a une différence entre le cas où l'individu qui se plaint est nommé, et celui où il est compris dans une attaque générale, quoique précise ; mais elle consiste simplement en ceci : Quand l'individu est nommé, le tribunal n'a à répondre que les questions suivantes : L'écrit est-il injurieux ? A-t-il occasionné un préjudice ? Quand l'individu n'est pas nommé, il doit se demander, en outre, si l'intention de l'écrivain a été de comprendre celui qui réclame dans son attaque générale.

Bien d'autres que les médecins homœopathes ont eu ces idées ; les tribunaux les ont constamment partagées. Voici en quels termes M. Dalloz le constate : Répertoire, V°. *Presse* :

« On a dû remarquer que la loi accorde le droit de
« réponse à ceux qui ont été nommés ou *désignés* dans
« un article de journal. — Il est donc sans importance

« que le nom de la personne qui veut faire insérer sa
« réponse ne se trouve pas dans l'article qui y donne
« lieu, si, d'ailleurs, elle y est clairement désignée. —
« Aussi a-t-il été jugé qu'il suffit qu'un article de jour-
« nal soit injurieux pour un chef militaire, quoiqu'il n'y
« soit pas nominativement désigné, pour qu'il ait le
« droit d'exiger l'insertion d'une réponse à cet article. »
Metz, 23 mai, 1850, aff. Mérentié, D. P. 51, 2, 55
(n° 339).

« — Il a été jugé qu'une congrégation religieuse,
« bien que non autorisée, a qualité pour former une
« action en diffamation... sans que la fin de non-recevoir
« tirée de l'illégalité de son existence soit admissible. »
Angers, 24 mars 1842.

« Quant aux réunions de personnes, il faut se con-
« former aux règles générales sur les actions. — Si la
« réunion forme un être moral reconnu par la loi, l'ac-
« tion peut être intentée en son nom.

« Ainsi les actions concernant les administrations
« publiques peuvent être exercées au nom des adminis-
« trateurs à qui ce soin est confié. — De même, les
« actions en diffamation ou injures concernant les éta-
« blissements publics, tels que les colléges, les hospices,
« peuvent être intentées au nom de leurs administra-
« teurs. — Lorsqu'une fraction seulement d'un corps
« reconnu par l'État a été diffamée, l'action doit s'exer-
« cer individuellement par ceux qui ont été attaqués. —
« Aussi a-t-il été jugé que, lorsqu'une imputation diffa-
« matoire a été adressée aux gendarmes d'une telle ville,
« les individus composant cette réunion peuvent inten-
« ter une action en réparation en leur nom direct et

« personnel.» Crim. rej., 25 février 1830, aff. le *Consti-*
titutionnel ; voy. n° 1114. V. en ce sens, M. de Grat-
tier, t. I, p. 344 (n° 1122).

« Les électeurs forment une partie très-notable de
« la nation ; mais ils ne constituent pas un corps dis-
« tinct et organisé, qui ait le droit d'agir en justice.
« En conséquence, il a été décidé que des électeurs
« qui se prétendent diffamés, comme tels ne peu-
« vent exercer qu'une action individuelle en réparation
« de ce délit. » Rennes, 15 février 1838, aff. Électeurs de Vannes ; v. n° 897, 5° (n° 1124).

J'espère que le tribunal jugera conformément à ces
précédents.

En droit, il n'y a d'invoquables contre notre demande
que les deux moyens suivants :

1° Les injures s'adressent à la doctrine, et non aux
hommes qui la pratiquent ;

2° Supposé qu'elles soient dirigées contre les hommes,
elles ne s'adressent qu'à *certains* d'entre eux, et non à
tous.

Mais le fait rend ces deux moyens sans application
possible à la cause.

Comment soutenir que les expressions relatées au
commencement de cette note ne s'appliquent qu'aux
doctrines ? Est-ce d'une doctrine qu'on peut dire : Les
travaux écrits par des hommes capables de tels faits
ne doivent pas être discutés, pas même lus : ils sont
*rédigés avec l'intention de capter la bonne foi des gens
du monde ; ils mentent* comme tous les prospectus.

Comment soutenir que M. Gallard n'a accusé de
mauvaise foi, de malhonnêteté et de friponnerie que

quelques-uns, en présence de la phrase suivante : Si NOUS NOUS DÉPARTONS DE NOTRE RÉSERVE EN FAVEUR DU LIVRE DE M. MAGNAN, C'EST QUE , PAR EXCEPTION , NOUS CROYONS AVOIR TROUVÉ DANS L'AUTEUR UN HOMME SÉRIEUSEMENT CONVAINCU ?

Je dis plus : il est certain, qu'en parlant des plus *ardents propagateurs de la doctrine*, M. Gallard a eu précisément en vue les Demandeurs; de telle sorte qu'en réalité l'attaque est INDIVIDUELLE; la forme seule est générale; et elle n'a été préférée telle que par une habileté de discussion, pour se mettre en garde contre la répression.

II

Je ne répondrai pas à l'appréciation sévère, quoique contenue dans des formes charmantes, que M. le substitut a présentée de la doctrine homœopathique. Je n'ai cessé de le dire et de le répéter depuis le commencement du débat, la question n'est pas de savoir quelle est la valeur de cette doctrine. Si j'ai été entraîné à la défendre, ce n'est pas dans le but de convaincre le tribunal de son excellence, mais uniquement pour répondre aux attaques des adversaires, et pour mettre nos juges en situation d'apprécier la légèreté des arguments qu'ils invoquent contre elle. Il ne s'agit au procès que des médecins homœopathes. Par cela seul qu'ils pratiquent l'homœopathie, ils sont malhonnêtes, de mauvaise foi, écrit M. Gallard. A-t-il le droit de traiter ainsi ses confrères? Voilà toute la question.

M. le substitut pense que oui.

Pourquoi? Est-ce parce qu'ils sont effectivement malhonnêtes?

Nullement. M. le substitut l'a loyalement déclaré : ON PEUT ÊTRE FORT HONNÊTE HOMME TOUT EN ÉTANT MÉDECIN HOMŒOPATHE.

Mais, si l'on peut être fort honnête homme tout en étant médecin homœopathe, M. Gallard, qui a écrit le contraire, est répréhensible!

Non, a répondu M. le substitut; on a toujours le droit d'attaquer l'erreur. De même qu'on peut dire à nos vaudevillistes que leurs œuvres sont immorales et à nos littérateurs en renom qu'ils ne valent pas Molière et ses contemporains, on peut dire aux médecins homœopathes que leur doctrine n'a pas le sens commun.

Pardon, répondrai-je à mon tour. Avant de proclamer qu'en vertu du principe on a toujours le droit d'attaquer l'erreur, on peut nous courir sus, avec l'autorisation de la justice, il serait nécessaire d'examiner si l'homœopathie est vraiment l'erreur; or, M. le substitut l'a remarqué avec raison, c'est là un débat scientifique, en dehors de la compétence du tribunal. — En outre, dire à nos vaudevillistes qu'ils sont des corrupteurs du goût public, à nos dramaturges qu'ils ne valent pas plus que Pradon, et à nos poëtes qu'ils ne surpassent pas Trissotin, cela n'est pas prétendre qu'ils sont, par le fait de leurs vaudevilles, de leurs drames et de leurs poésies, de malhonnêtes gens et des fripons. Or je prie le tribunal de ne point l'oublier, c'est ce qu'on a articulé contre les homœopathes. On ne les a pas accusés, en les comparant à Boerrhaave, Van Helmont ou tout autre, de valoir moins qu'eux; on les a

accusés d'être tous des hommes méprisables, charla-
tans, menteurs. — Enfin, l'homœopathie fût-elle l'erreur, il n'en résulterait pas qu'elle fût la friponnerie.
L'histoire permet de dire qu'Abailard était un héré-
tique et l'abbé de Saint-Pierre un rêveur ; elle défend
d'ajouter qu'Abailard était un malhonnête homme,
parce qu'il n'a pas eu les idées communes sur la Tri-
nité, et l'abbé de Saint-Pierre un fripon, parce qu'il
conseillait la paix perpétuelle. L'erreur peut être honnête, excusable, je dis plus, estimable. Y a-t-il un seul
homme qui n'ait eu souvent besoin de s'abriter derrière
une telle maxime ?

III

Je ne rectifierai dans les conclusions que quelques
assertions de détail qui auraient pu mal disposer le tribunal.

Ainsi je crois que M. le substitut s'est mépris lorsqu'il a accusé un des médecins homœopathes les plus
recommandables, M. le docteur Cretin, d'avoir écrit
que :

1° Tous les médecins allopathes n'avaient qu'une
pensée, celle de tuer leurs malades ;

2° Que M. Trousseau était le plat valet d'un ignoble
charlatan ;

3° Que, si M. Gallard n'était pas condamné, il lui
donnerait des coups de poing.

Le passage qui a motivé la première accusation est
ainsi conçu :

« Ah ! s'il s'était agi d'un agent qui, comme l'éther,

« comme le chloroforme, comme l'amylène, tue rapi-
« dement entre les mains mêmes des plus habiles opé-
« rateurs, et porte chaque semaine le deuil dans une
« nouvelle famille, le progrès eût été accepté d'enthou-
« siasme! Mais il s'agissait d'un agent qui, à ses pro-
« priétés inoffensives, joint l'efficacité aujourd'hui la
« moins contestée dans les affections les plus graves,
« la fièvre typhoïde, les affections pultacées, couen-
« neuses, gangréneuses, la phthisie elle-même. On le
« repousse sans examen et de parti pris (p. 13). »

Le docteur Cretin veut-il de là conclure que les médecins ne pensent qu'à tuer leurs malades? Il serait fou
s'il avait eu une pareille pensée. Dans ce passage, il a
voulu simplement prouver, ainsi qu'il le dit lui-même
à la page 12 : Que ses adversaires PRÉTENDENT A TORT
QUE TOUS LES CORPS SAVANTS ACCEPTENT LE PROGRÈS AVEC
EMPRESSEMENT.

2° M. Cretin n'accuse pas non plus son ancien maî-
tre, M. Trousseau, pour lequel il professe une respec-
tueuse déférence, malgré leurs dissentiments scientifiques, de s'être fait le plat valet d'un ignoble charlatan;
il s'est borné à répéter ce que M. Trousseau avait ap-
pris lui-même à ses élèves dans une de ses leçons : que,
pour guérir l'impuissance, il avait eu recours à un
moyen préconisé par un ignoble charlatan. Voici les
paroles mêmes de M. Trousseau :

« J'ai accepté cet embout, préconisé par un ignoble
« charlatan. Quand je vois que des gens qui n'avaient
« pas pu être guéris jusque-là le sont par de honteux
« empiriques, je me mets à chercher le moyen qui a
« été appliqué pour l'employer moi-même. Plusieurs

« fois, dans ma vie, j'ai grandement eu à me féliciter de
« n'avoir pas déversé le mépris absolu, non sur l'homme
« qui le mérite le plus souvent, mais sur les moyens
« qu'il mettait en pratique.

« J'avais oublié le procédé dans lequel je ne voyais
« qu'une reproduction des manœuvres honteuses aux-
« quelles se soumettent de vieux libertins, dans les
« mauvais lieux, pour réveiller leurs sens assoupis. »
(*Union médicale* du 15 juillet 1856.)

3° M. Cretin n'a pas menacé M. Gallard de ses coups
de poing. « Si, par impossible, a-t-il dit, le jugement
« était favorable au gérant et au rédacteur de l'*Union*
« *médicale;* si, dès lors, son diplôme n'assurait plus
« au docteur la liberté de ses convictions, l'indépen-
« dance de sa pratique, la dignité de sa profession, on
« verrait, demain, NOS ADVERSAIRES donner au monde
« le spectacle d'une mêlée sans nom, où spiritualistes
« et matérialistes, vitalistes et organicistes, humoristes
« et solidistes, rationalistes et empiriques, se renver-
« raient les épithètes dirigées contre nous par M. Gal-
« lard, et transformeraient le terrain de la discussion
« scientifique en une arène tumultueuse où, à défaut
« de meilleures raisons, et, le vocabulaire des injures
« étant épuisé, le pugilat deviendrait le dernier argu-
« ment. »

Ainsi, M. Cretin ne menace pas M. Gallard de ses
coups : il prévoit les violences de discussion, non pas
qu'il prépare contre ses adversaires, mais que ses adversaires se permettront entre eux, si la justice ne dé-
clare pas que tout n'est pas licite entre savants. Il
exprime cette idée avec chaleur, dans une lettre impro-

visée entre deux audiences; mais il ne se livre à aucun emportement indigne de son caractère.

L'homœopathie s'est trop hâtée, a dit encore M. le substitut; qu'elle fasse des livres, qu'elle coordonne sa doctrine, qu'elle sorte du mystère dont elle s'entoure, et alors elle pourrra obtenir la réparation qu'elle poursuit.

Il n'est jamais trop tôt pour s'adresser à la justice. Si, cependant, pour en être accueilli, il était nécessaire d'avoir écrit beaucoup de livres et coordonné sa doctrine, je prie le tribunal de jeter un coup d'œil sur le catalogue des publications homœopathiques de Baillière, il se convaincra que l'homœopathie a beaucoup publié de livres et que rien n'est plus divulgué et moins mystérieux que sa doctrine. Nos adversaires pensent même que cette divulgation est trop grande parmi les gens du monde, puisqu'ils lui attribuent méchamment la création de la belle clientèle des médecins homœopathes.

IV

En terminant cette note, je rectifierai deux assertions de M. Gallard. Mᵉ Andral a dit en son nom, dans la deuxième plaidoirie, en présentant un registre tenu par un interne de M. Teissier; je cite textuellement :
« M. Teissier administrait des remèdes allopathiques.
« C'est ainsi qu'un malade qui se plaignait d'insomnie

« fut traité par le café, *coffea cruda*. Mais, l'insomnie
« n'ayant fait qu'*augmenter*, M. Teissier prescrivit *julep*
« *opium*. »

Obligé de répliquer sans avoir examiné le registre
qu'on produisait au dernier moment, j'ai dû laisser
cette assertion sans contrôle. Au sortir de l'audience,
j'ai ouvert le registre qu'on venait de citer; j'y ai lu
ceci :

« N° 52. Phthisie, expiration prolongée, bruit de
« souffle, craquements pulmonaires, suppression des
« règles depuis cinq mois. (Insomnie, *coffea cruda*,
« 2, 3, 4 octobre.) DORT BIEN, SUPPRIMÉ LE COFFEA; 5 oc-
« tobre, SE PLAINT DE NE POINT ALLER A LA GARDE-ROBE, *ba-*
« *ryta carbonica*; 6, 7, 8, 9; *julep opium*, 10, 11 oc-
« tobre, *opium* supprimé; 15, *exeat*. »

Ainsi, après *coffea cruda*, l'insomnie n'a pas aug-
menté, elle a cessé : DORT BIEN, dit l'interne, ennemi de
M. Teissier.

Le *coffea* n'a été supprimé que parce qu'un autre
symptôme s'était manifesté, auquel il fallait remédier :
l'absence de garde-robe.

2° Mon contradicteur a affirmé que M. Love, un des
demandeurs, est officier de santé :

Oui, en France : mais il aurait dû ajouter qu'il
était docteur en Allemagne et qu'il n'a pris le titre
d'officier de santé que parce qu'un docteur allemand
ne peut exercer sa profession en France.

Le tribunal voudra bien ne pas oublier qu'il n'est

aucune des assertions des défendeurs à laquelle il n'ait été repondu aussi péremptoirement.

Paris, le 7 novembre 1858.

ÉMILE OLLIVIER, avocat;

LESAGE, avoué.

PARIS. — IMP. SIMON RAÇON ET COMP., 1. RUE D'ERFURTH.